DEBORA SOMMER

So einzigartig wie ein Schmetterling

Francke

ÜBER DIE AUTORIN:

Debora Sommer studierte in der Schweiz und Südafrika Theologie, promovierte über Juliane von Krüdener und ist Studienleiterin Fernstudium am Theologischen Seminar St. Chrischona. Daneben arbeitet sie freiberuflich als Referentin und Autorin. Sie ist verheiratet, Mutter von zwei Teenagern und lebt in der Schweiz.

Bibliografische Information der Deutschen Nationalbibliothek
Die Deutsche Nationalbibliothek verzeichnet diese Publikation in der Deutschen Nationalbibliografie; detaillierte bibliografische Daten sind im Internet über http://dnb.dnb.de abrufbar.

2. Auflage 2020
ISBN 978-3-86827-719-7

35037 Marburg an der Lahn

Umschlagbild: iStockphoto/borchee
Bilder Innenteil: iStockphoto/RoJDesign (Zeichnung Schmetterlinge), iStockphoto/LaurenHaynes (S. 7), iStockphoto/Ekaterina Romanov (S. 11, 15, 19, 23, 27, 29, 33, 41, 43, 47), iStockphoto/photoncather (S. 25), iStockphoto/CactuSoup (S. 30, 31), iStockphoto/borchee (S. 38, 39, 44, 45, 48), Pixabay/Free-Photos (S. 9), Pixabay/kaboompics (S. 12, 13), Pixabay/tommyvideo (S. 17), Pixabay/GLady (S. 20, 21)

Umschlaggestaltung & Satz: Francke-Buch GmbH
Printed in Poland

www.francke-buch.de

Inhalt

Einführung

Es wird Zeit, dass wir ehrlich werden und unsere Masken ablegen. Lesungen zu meinem Buch »einzigartig« haben mir dies auf unmissverständliche Weise vor Augen geführt. Es wird Zeit, dass wir aufhören, uns gegenseitig vorzugaukeln, das Leben sei ein Kinderspiel, dass wir alles im Griff hätten und alles in bester Ordnung sei. Es wird Zeit, dass wir uns und anderen eingestehen, dass das Leben nicht immer einfach ist. Dass wir längst nicht alles im Griff haben. Dass schmerzhafte Gefühle, Grenzen, Schwächen, Schwierigkeiten, Verletzlichkeit, Trauer, Versagen, Ängste und vieles mehr Teil unserer Lebensreise sind.

Einer Reise, die unserem Leben Tiefgang und Reife gibt, wenn wir bereit sind, uns den inneren Abgründen zu stellen und Heilung zu empfangen. Wenn wir uns trotz allem, was wir nicht verstehen, vertrauensvoll an den lebendigen Gott klammern. Wenn wir uns mitten in der Dunkelheit auf seine Versprechen berufen. Zum Beispiel darauf, dass er uns liebt und dass er es gut meint mit uns – selbst, wenn wir nichts davon spüren. Dass er da ist – mitten in unserem Schmerz. Mitten in unserer Trauer. Dass er uns auffängt, wenn wir fallen. Dass er mitten im Zerbruch auf geheimnisvolle Weise Wunder-volles wirken kann.

In den vergangenen Jahren habe ich selbst einige schmerzvolle Erfahrungen durchlebt. Unter anderem eine chronische Schmerzsituation, die mich in vielerlei Hinsicht an meine Grenzen gebracht hat. Während dieser Grenzerfahrung wurde die Verwandlung der Raupe zum Schmetterling für mich auf besondere Weise zu einem Symbol der Hoffnung. Und genau diese Hoffnung möchte ich in diesem Bildband mit Ihnen teilen.

Damit eine Raupe zum Schmetterling wird, muss sie sich dem Auflösungs- und Umwandlungsprozess in der Puppe stellen. Ähnliches gilt im übertragenen Sinne für uns: Der Weg der Verwandlung führt auch im menschlichen Leben oft durch Zeiten der Dunkelheit und Einsamkeit. Mit meinen Texten möchte ich Sie ermutigen, dass Sie sich dem Prozess der Verwandlung in Ihrem eigenen Leben stellen. Im Vertrauen darauf, dass am Ende der Reise nicht die Dunkelheit und der Schmerz stehen, sondern ein verändertes Wesen – so einzigartig wie ein Schmetterling!

Debora Sommer

Strengelbach (Schweiz), im November 2017

Im Verborgenen

Schon als ich im Verborgenen Gestalt annahm, unsichtbar noch, kunstvoll gebildet im Leib meiner Mutter, da war ich dir dennoch nicht verborgen.

PSALM 139,15–16 (NGÜ)

Im Verborgenen
schlummern die Möglichkeiten
des Lebens

Im Dunkeln
wächst das Wunder
der Verwandlung

Im Loslassen
wachse ich von einer Haut
zur nächsten

Im Zerbruch
finde ich zu meiner
einzigartigen Gestalt

Ich bin hungrig

Manchmal fühle ich mich wie eine kleine unscheinbare Raupe:
Unbedeutend, unsichtbar, ungeliebt, einsam und unendlich hungrig.

ich bin hungrig
nach liebe
nach leben
nach bedeutung
nach aufmerksamkeit

ich suche
nach antworten
nach identität
nach lebenssinn
nach orientierung

ich wachse
von einer haut zur nächsten
und stoße an meine grenzen
ich esse – und werde doch nicht satt
ich verändere mich – aber keiner bemerkt es

ich frage
ist da einer
der mich sieht?
der meine sehnsucht kennt
und meinen lebenshunger stillen kann?

Mehr vom Leben

Ein Raupenleben mag durchaus seine Annehmlichkeiten haben. Man könnte sich sogar damit abfinden – mit einem Leben in diesem eingeschränkten Horizont. Doch die Raupe ist zu viel mehr bestimmt: Sie trägt Flügel in sich! In ihr ist bereits alles angelegt, was sie für die Verwandlung zum Schmetterling braucht. Wieso sollte ich mich mit weniger zufriedengeben als dem, wozu ich vom Schöpfer bestimmt bin?

Ich will **mehr vom Leben**
die leise Stimme der Sehnsucht nähren
allen Grenzen und jeder Monotonie zum Trotz

Ich strecke mich aus zum Himmel
breche auf zum Horizont
trotze mutig den Stürmen des Lebens

Auf dass der winzige Same der Sehnsucht
zu einem Baum der Hoffnung wächst
dessen Früchte des Glaubens mich stärken

Meinem Kleinmut wachsen Flügel
Ich wohne in der Schatzkammer Gottes
und trage die Ewigkeit im Herzen

verpuppt

Am Beispiel des Schmetterlings erkenne ich, dass Wachstum Phasen des Rückzugs voraussetzt: Die Verwandlung zum Schmetterling vollzieht sich in der Abgeschiedenheit der Puppe! Ohne diesen schützenden Raum wäre eine Metamorphose nicht möglich. Auch im menschlichen Leben sind Rückzug und Wachstum voneinander abhängig. Manchmal stoße ich in meinem Leben schleichend und fast unmerklich an meine Grenzen. Mein Wachstumsprozess stockt. Fragen erfordern Antworten. Probleme verlangen nach Lösungen. Ich muss Entscheidungen treffen und Weichen stellen. Meine Seele braucht einen Schutzraum. Ich muss in mich gehen. Brauche Zeit und Klarheit.

Doch manchmal bleibt mir gar keine Wahl – mein Leben wird ohne Vorwarnung auf den Kopf gestellt. Durch eine Erkrankung. Beziehungsprobleme. Finanzielle Nöte. Einen Todesfall oder andere schlimme Ereignisse. Dunkelheit und Schmerz ergreifen Besitz von mir. Ich weiß nicht, wie mir geschieht. Abgründe tun sich auf. Es ist, als ob mein Fuß ins Leere tritt. Ich befinde mich in einem Ausnahmezustand. Der Schutzraum wird zur Feuerprobe. Ich muss mich dem inneren Gefühlschaos stellen und mich hindurchkämpfen. Muss loslassen. Zulassen. Abwarten. Nur so kann Altes verarbeitet werden und Neues in mir Gestalt gewinnen.

Es ist Abschiedszeit
feines Gespinst umschließt mich
erbarmungslos hüllt es mich ein
verhüllt meine Gestalt, meine Natur,
meine Seele

Ein letzter Blick zurück
auf das, was mich geprägt hat
mir Sicherheit, Bestimmung, Richtung gab
es löst sich auf, schafft Platz für Neues

Das Neue ist beunruhigend
unerwartet anders
befremdlich einengend
beklemmend unbekannt

Schemenhaft verblasst das Jetzt
verliert sich in der Endlichkeit der Zeit
Stille schlingt sich um mein Herz

gefangen

Im Kokon legt sich die Angst wie eine eiserne Faust um mein Herz. Ich fühle mich den Umständen hilflos ausgeliefert. Schlimmer noch: Ich finde keinen Ausgang! Ich verharre in Schockstarre. Was mich am Leben erhält, sind winzig kleine Funken der Hoffnung. Ich will hoffen, dass der Weg durch die Dunkelheit und den Schmerz zu neuen Möglichkeiten führt. Dass ich im dunklen Wald der Angst bald eine Lichtung finde. Dass die innere Isolationshaft auf wundersame Weise in die Freiheit führt. Dass mich der Glaube wiederfindet, wenn ich ihn verliere. Dass Hilfe naht. Dass mich eine starke Hand auffängt, wenn ich in freiem Fall bin.

mein leben schlägt die augen auf im dunkeln
es hängt an einem seidenen faden
licht und wärme prallen an mir ab
wie regentropfen an der fensterscheibe

angstvoll ringe ich um atem
gefangen in der hülle der zersetzung
keine tür. kein ausweg. keine zukunft
der schmerz tickt in zeitlupe

gibt es licht am ende der hoffnungslosigkeit?
einen ausgang? heilung? schönheit im zerbruch?
wie kann es sein, dass im tiefsten schwarz des kokons
wenn alles zerfällt – ein wunder wächst?

Kokon

Doch manchmal droht auch der letzte Funke Hoffnung zu erlöschen. Die Dunkelheit schlägt wie Wellen über mir zusammen. Die Not, die Trauer, der Schmerz, die Einsamkeit – es wird zu viel. Selbst Worte des Zuspruchs erreichen mich nicht mehr. Ich bin innerlich wie gelähmt. Gefährlich nahe am Abgrund. Während meine Lebenshülle nach außen stabil und bruchfest scheint, zerspringt meine innere Welt geräuschlos in tausend Stücke. Ich kann nicht mehr. Will nur noch aufgeben.

wie eine raupe
im kokon
gefangen in
tiefer nacht

fühle ich mich

ich bin

verwirrt
verängstigt
orientierungslos
einsam

habe angst

ich verliere

mein leben
meine gestalt
meine würde
meine tränen

meine hoffnung

die dunkelheit

verschlingt mich
krümmt mich
zersetzt mich
besiegt mich

ich gebe auf

ergebe mich dem

was ich nicht ändern kann

Am Ende

Die Verzweiflung stellt mich vor eine Entscheidung: Gehe ich in meiner Not einsam zugrunde oder wage ich es, mich jemandem anzuvertrauen? Wage ich, in Worte zu fassen, wie ich mich fühle, und zuzugeben, dass ich das Leben so nicht mehr schaffe? Es kostet unglaublich viel Mut, vor anderen Menschen die Masken fallen zu lassen. Und leider kann längst nicht jedes Gegenüber auf hilfreiche Weise mit dieser Offenheit umgehen. Aber es ist unumgänglich. Wenn meine zerstörerischen Gedanken keinen Weg nach draußen finden, fressen sie mich innerlich auf und führen im schlimmsten Fall zur Selbstzerstörung. Was mir auf dem verletzlichen Weg zur Entlarvung den Rücken stärkt, ist die Erkenntnis, dass es vielen anderen ebenso geht wie mir. Anzunehmen, ich sei die Einzige, wäre ein verheerender Trugschluss. Zweifellos zeugt es von viel größerer Stärke, Schwächen einzugestehen als sie zu verbergen. Und das größte Geschenk: Am Tiefpunkt werde ich erwartet von dem, der die Tiefen dieser Welt durchlitten hat wie kein anderer. Er sehnt sich danach, mir aus meiner Not zu helfen.

Demütigend, einzugestehen,
dass ich es alleine nicht mehr schaffe!
Dass ich am Ende bin

Es fühlt sich an wie Schiffbruch
wie Bankrott aus eigenem Verschulden
als ob ich versagt hätte

Als ob ich im Gegensatz zu allen anderen
als Einzige mein Leben nicht im Griff hätte
zu wenig stark wäre für diese Welt

Trotz aller Scham erkenne ich: der Weg
in die Zukunft führt über die Brücke
schonungsloser Ehrlichkeit
Lebensnot-wendig, einzugestehen,
dass ich es alleine nicht mehr schaffe!
Dass ich Hilfe brauche

Vielleicht ist es mir vergönnt
dass ein anderer Mensch meinen Schmerz teilt
dass er mir zuhört und mein Leid mitträgt

Aber selbst wenn kein Mensch für mich da ist
kann ich mich dem Einen offenbaren
der meinen Hilfeschrei hört und ernst nimmt

Wenn ich am Ende bin – mit meiner Weisheit
meiner Kraft, meiner Hoffnung, meiner Geduld
wartet er längst auf mich – mit offenen Armen

Du bist

Wie die Puppe sich fest mit ihrer Wirtspflanze verbindet, damit sie Sturm und Wetter trotzen kann, will ich mich in Zeiten der Not an die Versprechen von Jesus klammern! Unverrückbar stehen sie da. Wie ein Leuchtturm. Mitten in der stürmenden Flut und tosenden Brandung meines Lebens. In der Bibel wird uns nirgendwo ein Leben ohne Schmerzen und Sorgen versprochen, aber dass Jesus bei uns sein wird. Es wird nie versprochen, dass wir keine Angst haben werden, aber dass Jesus stärker ist als unsere Angst. Es wird nicht versprochen, dass wir nie weinen müssen, aber dass Jesus selbst unsere Tränen abwischen wird. Das ist mein Trost! Daran klammere ich mich! Auch wenn alles um mich herum zerfällt:

»Ich klammere mich an dich, und du hältst mich mit deiner starken Hand.«
(Psalm 63,9)

Du bist
das Licht in meiner Dunkelheit
der Friede in meiner Unruhe
die Kraft in meiner Schwäche
das Lied in meiner Trauer
der Halt in meinen Stürmen
das Wasser in meiner Wüste
der Trost in meiner Verzweiflung
die Hoffnung in meiner Einsamkeit
der Weg in meiner Ausweglosigkeit

Du bist
mein Hirte
mein Vater
mein Freund
mein Retter
mein Leben
meine Zukunft

Du bist
das genügt!

Durchbruch

Auch wenn ich mich an Gott klammere, bleibt das Vertrauen eine stetige Herausforderung. Quälende Zweifel nagen an mir. Meint Gott es tatsächlich gut mit mir? Lohnt es sich, weiterzukämpfen? Macht es überhaupt einen Unterschied? Mein Weg nach vorne ist versperrt. Der Weg nach hinten verschlossen. Ich komme mir vor wie in einer Falle. Das Rad der Zeit kann nicht zurückgedreht werden. Was geschehen ist, hat mich verändert. Ich werde nie mehr diejenige sein, die ich früher war. Es kommt mir vor wie bei einer Geburt. Die Geburt unserer Tochter zog sich über mehrere Stunden hin. Sie kämpfte und kämpfte. Genau wie ich. Und auch ihr Vater litt mit. So leidet auch mein himmlischer Vater mit mir. Er ruft mir zu: Gibt nicht auf! Deiner Nacht wird ein neuer Morgen folgen.

Am Scheideweg zur Zukunft
steht jeden Tag neu
meine Entscheidung

Wofür entscheide ich mich?
Für Segen – oder Fluch?
Inneres Leben – oder inneren Tod?

Am Scheideweg zum Durchbruch
steht der leidvolle Kampf
meiner Gedanken und Gefühle

Erschöpft trotze ich
der Versuchung aufzugeben
Ich will das Leben! Herr, hilf mir!

Ich will suchen – bis ich dich finde
Ich will bitten – bis du mir gibst
Ich will warten – bis du mir aufhilfst
will dich umklammern – bis du mich
segnest
Ich will kämpfen – bis ich frei bin

Am Ende meiner Kräfte erkenne ich:
Mitten im Schmerz wird
Schönheit geboren

Ich breche durch zum Leben

ent-puppt

Auf wundersame Weise wurde ich stolpernd und tastend zu einem Ausgang geführt. Der Kokon öffnet sich. Das durchkämpfte Dunkel erschließt mir eine neue Dimension. Mein Herz ist noch mitgenommen. Die Probleme sind nicht alle aus dem Weg geräumt.

Doch mein Weg geht weiter. Ich atme tief durch und schöpfe neuen Mut. Das Durchlebte hat mich gezeichnet. Aber auch stärker gemacht. Die Narben zeugen von meiner einzigartigen Geschichte und Verwandlung.

ent-puppt

Der Dunkelheit entronnen
was im Verborgenen Gestalt annahm
wird sichtbar

Ich sehe die Welt mit neuen Augen
koste den Reichtum
mit allen Sinnen

Ich strecke mich aus
weiter und weiter und weiter
spüre Leben in meinen Adern

Durchdrungen von Licht
Glauben. Hoffnung. Liebe
Kraft. Bestimmung. Ewigkeit

öffne ich mutig
die Tür zur Freiheit

Neuanfang

Es braucht Zeit, bis sich mein Herz an die neuen Lebensumstände gewöhnt hat. Es braucht Mut, den Schritt ins Unbekannte zu wagen. Sinnbildlich meine Flügel auszuspannen. Ich realisiere: Mir ist das Geschenk gegeben, ein neues Kapitel meines Lebens zu schreiben. Ich spüre wieder festen Boden unter den Füßen.

Du stellst meine Füße auf weiten Raum.
(Psalm 31,9)

Am Ende der Dunkelheit
taucht die aufgehende Sonne
die Schatten der Nacht
in sanftes Licht
– wundervoll –

Das Neue liegt vor mir
wie ein unberührter Strand
eine frisch verschneite Landschaft
ein Buch mit leeren Seiten
– verheißungsvoll –

Die Weite überrascht mich
ich ahne Möglichkeiten
begrüße den Neuanfang
atme Freiheit
– erwartungsvoll –

Ehrfürchtig zögernd
will ich es wagen
den Augenblick nutzen
beherzt aufbrechen
– vertrauensvoll –

Endlich frei!

Wir sind entkommen wie ein Vogel aus dem Netz des Vogelfängers,
das Netz ist zerrissen – und wir sind frei!
(Psalm 124,7)

Ein neuer Lebensabschnitt ist mir geschenkt. Doch ein Geschenk alleine verändert nichts, wenn es nicht empfangen und genutzt wird. So will ich die neue Freiheit nicht nur ehrfürchtig bestaunen, sondern sie dankbar annehmen, sie nutzen und der neuen Realität entsprechend leben. Eintauchen in den Reichtum, den Gott seinen Kindern durch seinen Geist verspricht: Leben, Freude und Friede in Fülle.

Endlich frei!

Alles Beengende ist abgestreift
aus der Asche der Vergangenheit
ist neues Leben entstanden

Ich hebe ab in neuer Gestalt
Schlag um Schlag steige ich empor
in Welten, von denen ich nichts wusste
lasse mich tragen, schwebe, empfange

Das Unvorstellbare wird zur Realität
neue Horizonte öffnen sich zu weiten Räumen
Nichts scheint mehr unmöglich
Grenzen fallen

Ich will diese Freiheit verteidigen
mich nie wieder einsperren lassen
in das Gefängnis meiner Vorstellungen
und der Erwartungen anderer

Meine Trauerkleider sind abgelegt
würdevoll trage ich mein Festgewand
mein Klagelied wird zum Freudentanz
Ich bin frei – endlich frei!

Meisterwerk

Als der italienische Künstler Michelangelo nach jahrelanger und mühevoller Arbeit an seinem Meisterwerk David gefragt wurde, wie er eine so wundervolle Statue schaffen konnte, antwortete er: »Der David war immer schon da gewesen. Ich musste lediglich den überflüssigen Marmor um ihn herum entfernen.«

Auch ich bin ein Meisterwerk. Gottes Meisterwerk. Individuell und liebevoll erschaffen vom größten Künstler des Universums. Geschaffen für gute Werke, die er für mich vorbereitet hat. Je mehr ich sein Wirken an mir zulasse, desto stärker kommt die Einzigartigkeit, die er in mich hineingelegt hat, zum Vorschein.

Wenn des Meisters Hand mich formt
sieht er die Endgestalt bereits vor sich
auch wenn niemand sonst
die Kunst erkennt
im Marmor meines Lebens
– er sieht es!

Meine Eigenarten und Begabungen
meine Einzigartigkeit –
sie liegen offen vor ihm
Er sieht die Möglichkeiten,
wenn ich es wage mich ihm hinzugeben
– wenn ich vertraue

Wenn mich der Meißel trifft
wenn Schwierigkeiten an mir schleifen
wenn sich Menschen an mir reiben
wenn Erfahrungen mich prägen
– mag das wehtun

Doch ich will loslassen,
will mich vom Meister gestalten lassen
aushalten und stillhalten
denn nur so gewinne ich an Profil
– werde ich sichtbar

Indem ich an Gestalt gewinne,
wird die Handschrift des Künstlers
an mir sichtbar
und wenn das Meisterwerk bestaunt wird
gilt das große Lob allein dem Meister
– ihm zur Ehre

Einzigartiges Leben

Wir alle spiegeln mit enthülltem Gesicht die Herrlichkeit des Herrn wider und werden so in sein eigenes Bild verwandelt, von Herrlichkeit zu Herrlichkeit, durch den Geist des Herrn. (2. Korinther 3,18)

Wenn ich meine Beziehung zu Jesus vertiefe, ist es, als ob ich in einen geheimnisvollen Spiegel schauen würde. Im Spiegel erkenne ich nicht bloß mich, sondern immer mehr ihn. Indem ich auf Jesus schaue, verschmilzt mein Bild mit seinem Bild und ich werde mehr und mehr von seinem Geist, seiner Wahrheit, seiner Liebe und seinem Licht durchdrungen und verwandelt. Seine Herrlichkeit färbt auf mich ab. Je durchlässiger ich für Jesus und das Wirken seines Geistes an mir werde, desto mehr leuchtet mein eigenes Wesen auf und wird zugleich Jesu Wesen durch mich sichtbar. Mein Denken, Fühlen, Reden und Handeln wird von Gott durchdrungen und ich kann seine göttliche Bestimmung für mein Leben immer deutlicher erkennen und umsetzen.

Einzigartiges Leben

entfaltet sich in der Stille
orientiert sich am Bild des Ewigen
widerspiegelt SEINE Herrlichkeit

Ich wage
Einzigartigkeit
und lebe

sichtbar – weil ER mich sieht
nahbar – weil ER mir nahekommt
berührbar – weil ER mich berührt
liebevoll – weil ER mich liebt
geistvoll – weil SEIN Geist durch mich wirkt
hoffnungsvoll – weil ER meine Hoffnung ist
überfließend – weil ER mich erfüllt
befähigt – weil ER mich beruft
entfesselt – weil ER mich befreit
gesegnet – weil SEIN Segen auf mir ruht
zielgerichtet – weil ER mein Ziel ist

einzigartig – weil ER mich dazu bestimmt hat

Reich beschenkt

Aus seinem göttlichen Reichtum hat er uns immer wieder mit seiner grenzenlosen Liebe beschenkt.
(Johannes 1,16)

Kaum zu fassen, dass die Raupe und der Schmetterling ein und dasselbe Wesen sind – in zwei verschiedenen Reifestadien. Vorhandenes wird auf geheimnisvolle Weise umgeformt. Das zeigt sich am Herz und den Augen. Bereits die Raupe hat beides. Aber mit den Augen kann sie kaum sehen. Auch ein Herz hat sie schon, aber es passt nicht mehr in den Schmetterlingskörper. Die Umwandlung ist nötig, damit der Schmetterling für seine neue Lebensaufgabe gerüstet ist. Während sich die unfruchtbare Raupe in ihrem begrenzten Lebensradius auf ihr eigenes Wachstum konzentriert, ist der Schmetterling fruchtbar und kann sich fortpflanzen. Was ihm durch die Verwandlung geschenkt worden ist, dient der zukünftigen Generation. Auch ich bin von Gott beschenkt, um anderen damit zu dienen. Welches Erbe will ich hinterlassen? Wem kann und soll ich mit meinen Gaben dienen?

Gesegnet um zu segnen
getröstet um zu trösten
gestärkt um zu stärken
geliebt um zu lieben
gelehrt um zu lehren
geführt um zu führen
gesendet um zu senden
geheilt um zu heilen
geformt um zu formen
getragen um zu tragen
gehalten um zu halten

Was mir geschenkt ist, will ich teilen
Wie du dich an mich verschenkt hast,
will auch ich mich verschenken
als lebendiges Wunder

Das Leben spüren

Die Tage eines Schmetterlings sind gezählt. Genau wie meine. Mir hilft es, wenn ich mir das immer wieder vor Augen führe. Der Gedanke an meine Vergänglichkeit verändert meine Sicht für die Gegenwart. Er macht mir die Kostbarkeit eines jeden einzelnen Augenblicks auf besondere Weise bewusst. Der heutige Tag wird nie zurückkehren. Mein Kind, das ich heute in den Arm schließen kann, wohnt vielleicht schon in wenigen Jahren weit entfernt von mir. War die Bagatelle, über die ich mich vorhin so aufgeregt habe, diese Aufregung wirklich wert?

Ich möchte lernen, achtsamer mit meiner Energie, meinen Gedanken und Worten umzugehen. So, dass sie anderen zum Segen werden und ihnen keinen Kummer bereiten. Und ich möchte lernen, einzelne Momente mitten im Alltag dankbar in mich aufzunehmen und das Leben zu spüren.

Ich möchte das Licht der Sonnenstrahlen tief in mein Herz fallen lassen und mein unterkühltes Herz daran erwärmen. Den strömenden Regen meine Gedankengespinste wegschwemmen lassen. Meinem Gegenüber bewusst in die Augen schauen und dankbar sein für diesen kostbaren Augenblick. Mich hinsetzen, tief durchatmen, meinen Herzschlag spüren und über das Wunder des Lebens staunen.

So möchte ich inmitten meines begrenzten Lebens unbegrenzten Frieden erfahren. Ich möchte mehr und mehr Anteil erhalten an der göttlichen Fülle, Freiheit und einer Freude, die unabhängig von äußeren Lebensumständen ist. Mich klammern an eine Hoffnung, die in der Ewigkeit zu Hause ist, und schon heute davon kosten.